Emetofobi
En berättelse från en drabbad

Tanja Svensson

© 2020 Svensson, Tanja
Förlag: BoD – Books on Demand, Stockholm, Sverige
Tryck: BoD – Books on Demand, Norderstedt, Tyskland
ISBN: 9789179696610

Mitt liv med emetofobi.

Min vardag och den allra värsta
ovännen som någon kan ha.
Att leva med detta är inget som
jag önskar någon.

Det jag skriver om innehåller
både ord och händelser som
kan vara triggande för vissa.

Emetofobi är en s.k. specifik fobi. Diagnosen innebär en uttalad och intensiv rädsla eller ångest inför att må illa eller kräkas. Exakt vad man är rädd för kan variera, och det kan t.ex. vara att själv kräkas, att se andra kräkas eller att kräkas bland andra människor. Personer med emetofobi använder sig av särskilda beteenden, s.k. säkerhetsbeteenden, i syfte att minska risken för att hamna i en fruktad situation. Det kan t.ex. handla om att använda handsprit, ta läkemedel, ta reda på om andra är sjuka, alltid ha med sig en påse eller se till att ha sällskap. De flesta har också ett aktivt undvikande av vissa föremål eller situationer som skulle kunna utlösa rädslan. Det kan vara att man undviker t.ex. viss mat, alkohol, personer som varit sjuka, offentliga toaletter, sjukvården, särskilda platser, kollektivtrafik eller graviditet.

För att man ska kunna få diagnosen emetofobi behöver rädslan vara överdriven, ihållande (6 månader eller längre)och leda till en funktionsnedsättning socialt, i arbete eller andra viktiga livsområden.

Emetofobi, eller kräkfobi som det också kallas, är en överdriven rädsla för att kräkas. Eller att se någon kräkas för den delen, eller båda delarna. Eller så kan man vara rädd för att må illa. Det tar sig i uttryck olika hos olika personer helt enkelt.

Det är en fobi som aldrig riktigt vilar, är du rädd för att flyga så kan du undvika flygplan, men hur undviker du något inom dig som du egentligen inte kan kontrollera? Emetofobi är dock en väldigt vanlig fobi, men det är relativt få som pratar om den. Jag tror att det har med rädsla att tappa kontrollen och bli dömd att göra. Och att tappa kontrollen är inte något som en emetofobiker önskar sig.

En vanlig sak som folk kastar ur sig är: "Men snälla du, det är väl inget farligt med att kräkas? Det gör ju alla ibland." Redan med den meningen så har min fobi, mitt största problem i hela världen och min dagliga kamp, blivit något så litet, ofarligt och obetydligt att jag inte borde besvära min samtalspartner med det. Det inbjuder inte till något som man vidare vill diskutera.

Speciellt inte när sådana ord kommer ifrån familjemedlemmar eller väldigt nära vänner. Vissa av oss kanske är rädda för att folk ska ta avstånd från en, andra kanske är rädda för att visa sig svaga. Hur som helst är det ingen fobi som man ska skämmas för, det har jag försökt lära mig på senare år. Det finns vissa personer som aldrig i hela livet skulle kunna få veta, då kan det användas emot mig istället, inte för att jag skäms. Vägen till att upptäcka det kan emellertid vara svår såklart, hur förklarar du, samtidigt som du inte ska bli stämplad som ett pucko, att du är livsdödsrädd för att kräkas? Jag vet ju själv vad jag har sagt om personer som är livrädda för getingar och det är såklart lika jobbigt för dom som det är för mig.

Så hur kan det vara så läbbigt att kräkas då? Jag vet inte. För mig är det rädslan för att förlora kontrollen och att andra ska tycka att jag är äcklig, jag vill alltid ha kontroll på allting som jag gör och detta är inget som man kan styra.

Och egentligen, alla kräks då och då. En emetofobiker kan undvika att åka kommunalt, samt undvika att vara i större sällskap i rädsla för att någon ska börja må dåligt och behöva kräkas. Det är vanligt att vi inte äter bufféer, inte åker båt eller flyger. Vissa har galet bra koll på när matvaror går ut och vissa slänger matvaror redan några dagar innan bäst före datum så att dom inte hinner gå ut. Andra isolerar sig totalt i rädsla för att gå ut och möjligtvis skulle bli smittade, speciellt under den jobbigaste tiden på året med vinterkräksjuka.

Andra skaffar inte barn för att dom kan må illa under graviditeten, även rädslan för att barnet ska smitta med någon av alla sina sjukdomar eller dra hem magsjuka från dagis eller skola.

Det finns emetofober som inte dricker alkohol, eller som inte någonsin har druckit alkohol, i rädsla för att det ska framkalla illamående, eller i värsta fall kräkning.

Jag personligen dricker alkohol, men jag dricker inga mängder.

Jag vet vart min gräns går och
jag kan heller inte blanda öl och
sprit till exempel, då hamnar jag
i en situation som jag inte vill
vara i.
Ni kan nog lätt själva föreställa
er hur mycket det begränsar ens
liv när man har den här fobin.
Jag törs påstå att ingen som
lever utan emetofobi heller
kommer att kunna förstå hur det
är att vara drabbad av fobin.

Vem är jag då?

Jag är född i ett mindre samhälle för snart 30 år sedan. Jag har ett yngre syskon och min uppväxt var bra med närvarande och trygga föräldrar, morföräldrar och farföräldrar. Vi umgicks ofta och hade det trevligt vid jul, påsk och andra högtider. Jag kom senare att gå i skolan så som alla barn gör, min blyghet var framträdande men jag har aldrig tyckt om att varken synas eller att höras – jag är en extrem introvert och det håller i sig fortfarande.

Jag ogillar folk, rent ut sagt, något som har vuxit fram under livet, jag har inte alltid mött så snälla och bra personer. Jag har självklart vänner men dom är noga valda, det är sådana personer som jag litar fullt ut på. En make har jag också lyckats hitta och med honom så är det inget konstigt om jag går undan när jag vill vara ifred eller om det blir för jobbigt med min ångest och fobi.

Fritiden gick åt till att vara ute mycket, vi hade skog omkring oss och det var min fristad. Jag fiskade mycket. Det låter lugnt och skönt va? Det var det också, jag hade inte så stora bekymmer då faktiskt, ingen ångest, fobi eller sömnproblem. Åren gick och jag började högstadiet. En ny skola på en ny ort. Det kan ha varit så att problemen med framförallt ångest började där. Jag tror det i alla fall men det är svårt att minnas exakt. Men jag minns att jag kände mig väldigt ensam, vi hade blivit uppdelade från lågstadiet, tryggheten med mina gamla klasskamrater försvann och nu skulle alla få träffa nya vänner. Alla tjoade utom jag. Helst hade jag velat strunta i skolan och gjort något annat. Efter ett tag så började jag i alla fall umgås med en tjej på skolan. Hon hörde till de lite coolare tjejerna som bodde i stan. Själv så kände jag mig som en tönt, jag kom ju ifrån landet, jag var ju inte tuff alls. Hon skulle nog tröttna på mig snart. Men nej hon tröttnade faktiskt inte.

Vi kom att bli riktigt tighta vänner och vi umgicks varje dag i princip. Och när vi inte umgicks så pratade vi många timmar i telefon istället. Med henne kunde jag faktiskt dela med mig av lite tankar som jag hade och jag fick alltid fin respons. Om jag mådde dåligt så kunde jag inga när som helst på dygnet och jag visste att hon skulle svara, och det var samma om hon mådde dåligt. Vi fanns för varandra och det gick inte en dag utan att vi pratade om allt och ingenting.

En större händelse skedde under högstadietiden, en händelse som skulle komma att följa mig en bra bit in i gymnasietiden och som följer mig än idag. Min riktigt svåra ångest började här och det var egentligen också här som allt hade kunnat gå att vända, om någon hade tagit min fobi och ångest på allvar. Men istället blev det så att jag började skada mig själv för att få ut ångesten genom smärtan. Min vän, som inte var blind för hur jag mådde, drog med mig till BUP där min allra första kontakt var en tant som var jättetråkig. Jag gav det nog inte ens chansen, jag ville väl inte prata med henne, jag ville bara vara ifred med mig själv. Hon lovade mig såklart dyrt och heligt att varken mamma eller pappa skulle få reda på att jag hade varit där. Och jag, mitt dumma helvete, trodde på henne. För varför skulle BUP svika? När jag kom hem på eftermiddagen så hade tanten såklart redan ringt till mamma, och där var väl det första misstaget som vården gjorde. Dom svek mitt förtroende det allra första dom gjorde.

En del av mig trodde inte det var sant samtidigt som den cyniska delen av mig blev än mer cynisk. Åt helvete med vuxna och åt helvete med psyk!

Där insåg jag att det inte gick att lita på någon. Inte någon vuxen åtminstone. Min vän och jag gled så småningom ifrån varandra på grund av den större händelsen men idag pratas vi vid ibland. Det var riktigt synd för än idag anser jag henne vara en av mina närmaste vänner.

Jag slutade till sist högstadiet och det blev dags att börja i gymnasiet. Då var jag redan så otroligt trött på allt som hade med skola och folk att göra. Hur man än vänder sig så kan man inte komma bort från folk men jag började extrajobba lite på en industri, samtidigt som min närvaro i skolan sjönk och i andra året av gymnasiet så hoppade jag till sist av skolan för att jobba på heltid. Det gick ganska bra ett tag men till slut så blev ångesten så stark att jag blev sjukskriven. Min läkare tyckte såklart att jag skulle äta mediciner men jag tyckte väl inte riktigt att det var nödvändigt, hon lyckades trots det övertala mig till att prova och på den vägen kom vi att vandra.

Det var en antidepressiv, en ångestdämpande och en sömnmedicin. Den ångestdämpande och sömnmedicinen var inom gruppen "Bensodiazepiner".

Det var inte så jäkla lattjo en kväll när jag hade tagit medicinen för ångest och började må illa en stund efter.

Jag har fortfarande tydliga minnen av hur rädd jag blev och hur det slutade med att jag kräktes i den rosa papperskorgen som jag hade. Men, trots det så gav den mig ett lugn och just benso och jag skulle bli vänner för många år framöver, men det är en annan historia.

De antidepressiva hjälpte inte så mycket tyckte jag, jag var ju inte deprimerad, jag hade ångest. Efter ett tag så slutade jag med den men jag hade kvar de andra medicinerna. På den tiden var det bara att ringa ett samtal så hade du ett recept att hämta ut, jag upplevde det inte som att min läkare var väldigt restriktiv med att skriva ut narkotikaklassad medicin och just då var jag glad för det. Hon var hur som helst den bästa läkaren jag har haft fram till dagens datum, det var ingen stress vid besöken och frågan om hur jag mådde var genuin och inte inövad. Som en motpol till alla andra vuxna som jag delat mina bekymmer med.

Jag berättade för henne om min fobi och hon tog den också på allvar och skickade mig till en psykolog i ett första skede.

Hur började det?

Min fobi började i högstadiet
för ca 15 år sedan. Jag har mina
aningar om vad som vad som
utlöste den men jag vet
egentligen inte varför det satte
sådana spår hos mig. Jag tror
också att jag har blivit räddare
med åren, av någon anledning.
Under större delen av mitt liv så
har jag haft mycket ångest, både
generaliserad och panikångest.
En eftermiddag när jag
var yngre så hade jag lagt mig
för att vila en stund, jag
lyckades somna in men helt
plötslig så vaknade jag upp.
Pulsen rusade och min mage var
i uppror. Illamåendet vällde
fram inom mig och jag kände
att jag var tvungen att kräkas.
Och så blev det.
Sedan denna första gången så
blir jag alltid livrädd när jag
känner ångesten komma och jag
börjar må illa. Det är som att bli
skickad tillbaka i tiden och jag
kan känna rädslan, paniken och
hjälplösheten.
Detta var första gången som jag
verkligen hade behövt att
kräkas av min ångest, men det
skulle komma att hända fler

gånger i framtiden. Efter varje gång så undrade jag vad tusan det var som hände, jag mådde ju bra efteråt så det kunde knappast vara en magsjuka eller något.

Vid denna tiden så var jag sjukskriven för ångest och depression och jag hade inte tagit upp min fobi med min dåvarande psykolog, jag tyckte inte att den hindrade mig så mycket just då. Men det var när det verkligen började gå ut över vardagslivet som jag bestämde mig för att söka hjälp hos någon annan. Psykologen som jag hade var lite här och där och jag fick aldrig känslan av att hon verkligen lyssnade. Jag skulle hur som helst komma att ångra mitt byte.

Jag minns ett tillfälle när jag hade varit och handlat och råkat peta mig på näsan, paniken var ett faktum över att jag skulle komma att bli sjuk. Helt ologiskt egentligen eftersom jag inte petade mig I näsan utan PÅ. Men, en fobi är sällan logisk. Och om det vore så enkelt att man blev sjuk av att peta sig i näsan så skulle ju varannan bilist som sitter fast i en bilkö bli sjuk.

Min läkare hjälpte mig med att få en annan psykolog. Jag fick möta en ung kvinna som kändes ganska oerfaren. Men jag fick i alla fall intrycket att hon var hyfsat okej.

Jag började öppna upp mig för psykologen och försiktigt närmade jag mig pudelns kärna. Jag samlade mod och berättade om det här med att jag trodde att jag hade emetofobi. Hon kollade på mig med en skeptisk blick och bröt sedan ut i gapskratt.

"Nej men du, nu får du väl ta och skärpa dig! Det finns inget farligt med att kräkas så det ska du inte bry dig om."

Hennes kommentar var som att få ett slag i magen. Jag började tänka att jag var dum i huvudet på riktigt, att jag bara fjantade mig, men varför kändes det som att hela jag skulle gå sönder av ångest bara jag tänkte på att kräkas? Kunde hon inte se hur jobbigt det var för mig när jag till slut fick fram mina tankar och funderingar om det?

Så än en gång visade vuxenvärlden och psykologerna att dom kanske inte var något för mig. Varför skulle jag öppna mig och visa mig sårbar när

deras första reaktion var att svika mig och försöka krossa mig. Jag kunde inte förstå det. Dom skulle ju vara på min sida. Dom var ju där för att hjälpa mig. Eller? Jag fick fram detta till min läkare, hur hon hade pratat till mig och betett sig. Jag gick inte kvar hos henne och med hennes kommentar i ryggsäcken så gömde jag fobin inom mig under många år. Men bara för att jag gömde den så upphörde den såklart inte. Den fanns där som min ovälkomne följeslagare.

Min läkare som hade hand om min sjukskrivning föreslog att jag skulle få träffa en socionom istället. Det här var ungefär fyra år efter att jag hade haft kontakt med psykologen, läkaren ansåg väl att det var viktigt att jag skulle prata med någon. Trots mina tidigare erfarenheter så gick jag med på det.

Socionomen var ganska ung och ny inom yrket. Det första intrycket jag fick av henne var att hon såg ganska snorkig och överklass ut, en sådan som vet allt.

Nu brukar jag ha förutfattade meningar om personer innan annat är bevisat så det var inget konstigt med mina tankar. Det värsta var att jag hade rätt. Jag har nog aldrig i hela mitt liv träffat en värre människa tror jag. När fobin dök upp på agendan så lutade hon sig fram och sa "Men du, hur tror du att jag skulle kunna hjälpa dig? Jag jobbar inte med psykfall och framförallt inte med dig. Är du en tjej ens? Du har ju inga kurvor, du ser ut som en pojke. Du kommer aldrig att kunna skaffa barn heller då om du är så rädd för att kräkas, men det kanske är lika bra – man ska inte avla på dåliga gener."
Ni vet när man fryser till av chock eller liknande? Det gjorde jag. Jag fick inte fram ett ord utan satt bara där i stolen och lät hennes ord hagla ur munnen. När timman äntligen var slut så tog jag min lilla väska och gick ut.

På denna tiden så var jag inte en modig tjej, jag var blyg och ville som sagt inte synas eller höras. Men på något vis så lyckades jag hitta mod och anmäla henne, det var inte okej alls att hon skulle sitta och säga så till mig. Som med allt annat så blev det inget av det utan hon fick jobba vidare utan någon varning eller liknande. Jag tycker synd om hennes andra patienter. Det fanns ju inga bevis och jag kunde likväl ha kommit på allt, fick jag höra.

Efter detta föddes också min ihållande ilska, jag var mycket hellre arg än att jag visade känslor genom att gråta, så är det fortfarande än idag. Vad var meningen med att gå till psykologer, socionomer och gud vet allt, när jag ändå bara blev utskrattad?

Hur gick det sen då?

Jag hade ingen samtalskontakt på många år, jag träffade min läkare regelbundet för att förlänga sjukskrivningen och kolla värden etc.
Vid denna tiden så bodde jag i en större stad men var på väg att flytta hem igen, till staden där jag var uppvuxen. Det var mitt ansvar för att söka vård om jag kände att jag behövde fortsatt sjukskrivning. Och ja, det hade jag ju. Min ångest var så hög att jag inte klarade av ett arbete just då.
Lyckligtvis så hade det öppnat en Öppenvårdsmottagning inte långt ifrån min bostad. Jag tänkte återigen att någon måste väl kunna hjälpa mig, för jag visste ärligt talat inte hur länge jag stod ut.
Efter kontakt med receptionisten så fick jag en tid en månad senare. Dagen kom och jag kände mig faktiskt väldigt glad, jag hade stora förhoppningar om att "Nu måste jag kunna få någon hjälp med detta helvetet."

Självklart fick jag vänta i väntrummet en kvart över min tid och det fick mig lite irriterad. Psykologen kom ut, tog i hand och vi gick in på rummet. Hon var en medelålders dam med snälla ögon. Efter lite småprat kom vi fram till just emetofobin. Men nej, jag var tydligen alldeles för "avancerad" för deras mottagning så dom kunde inte hjälpa mig. Hon lovade att skriva en remiss till ett större ställe i staden där jag bodde innan. Väntetiden kunde dock vara upp till två år. Ja, ja, sa jag – det får bli så då. Att vänta hade jag ju hunnit bli någon form av proffs på vid det här laget.

Det tog tre år innan jag fick en kallelse.
Tre år. Där varje dag var en kamp.
Vid detta laget hade jag dock körkort och slapp förlita mig på nära och kära. Körkortet gav mig också en känsla av frihet och kontroll. Tiden jag skulle inställa mig på var 07:30, alltså innan tuppen hade vaknat enligt mig på den tiden.

Nu skulle jag alltså träffa en KBT-terapeut. Hon skulle vara skicklig och ha god insyn i fobier, visst låter det jättebra va?

Under det första samtalet så fick jag förklara hur det hindrade mig i vardagen, hur mina relationer såg ut, ja allt som fobin ställde till med. Jag fick ett gott intryck av henne. Vi skulle ses veckan därpå. *Hade allting till sist vänt? Var det äntligen någon vuxen som förstod och som både ville och kunde hjälpa?* Den veckan kom och jag var glad. Återigen hoppfull. Hon frågade hur veckan hade varit och det obligatoriska småpratet var trevligt. Sen upplyste hon mig om en övning som vi skulle göra ihop, hon hade förberett den också. Spännande, tänkte jag. "Jag har tagit med mig kräksirap! Jag tänkte att jag skulle dricka den ihop med dig och så har vi varsin papperskorg här. Jag kan till och med hålla dig i handen."

Jag tror aldrig att jag har blivit så paff.

Här står alltså en människa framför mig som tydligen ska ha ,"god insyn i fobier", med en flaska kräksirap? Jag vet att jag tänkte att hon måste vara helt dum i huvudet. Jag ställde mig upp och sa "Nej tack. Jag tycker att du kan dra åt helvete istället."

Efter att ha sökt hjälp i så många år för emetofobin och inte lyckats hitta någon som har kunnat hjälpa mig, så insåg jag att jag var helt ensam. Det är jag som måste hjälpa mig själv på något vis. Hur vet jag inte.

Är det värre att kräkas när man är full än nykter?

Det är en fråga som jag har sett många ställa i en grupp för emotofober som jag är med i. Nej, skulle jag säga. Jag tycker det är rent ut sagt skönt att kräkas vid onykterhet. Men, det är vägen dit som är jobbig. Att kunna veta vart sin gräns går så att det egentligen inte ska hända, för det är inte roligt, det är det inte.

Till dagens datum har jag inte kräkts på 12 år.

Och den gången det hände så var det bakom en husvagn hemma hos mina föräldrar. Jag var jättefull och hade gått och lagt mig för att sova, jag vaknade och fick rusa ut. Minnet säger mig att jag bara torkade av mig lite runt munnen och gick in igen för att sova. Tänk om det alltid hade kunnat vara så? För varför tycker jag inte att det är så farligt när jag är full? Vad är det som händer i hjärnan? Jag är alldeles för lite påläst om det, och tur är det kanske annars kanske jag hade gått runt konstant full för att inte känna rädsla hela tiden. Jag avundas verkligen människor som inte bryr sig ett dugg om att kräkas. Jag blir arg och ledsen på min fobi varje dag. Speciellt arg för att den får mig att missa så mycket i livet. Att åka berg och dalbana ser roligt ut med det är aldrig något som jag skulle göra, just för att jag kan kanske må illa av det. Det skulle också vara väldigt skönt att bara kunna koppla av om jag är ute någonstans och äter, att inte behöva tänka på, speciellt om det är vinter, om kocken är frisk eller om någon precis har varit sjuk och tagit på mina bestick. Men varför skulle jag egentligen bli sjuk på en restaurang som är bra? Jag kollar alltid upp ställen dit jag ska gå, stället måste ha minst 90% med nöjda kunder.

Det här med att resa då?

Ja, jag gillar att resa. Jag har
inte varit utomlands så himla
många gånger, om inte Finland
och Danmark räknas. Eller jo,
jag har varit i England ganska
många gånger. Men de
gångerna som jag har rest med
flygplan så har det nästan
varenda gång varit en mardröm.
Jag minns en gång när
jag flög själv mellan Göteborg
och Oslo. En resa på knappt en
halvtimme. Planet var fullt och
jag fick en plats jämte en
väldigt trevlig man som kom
ifrån New York. Han såg på mig
att jag var lite nervös och
ångestfylld, så han började prata
med mig. Vi pratade om allt
emellan himmel och jord. Jag
lärde mig mycket om aktier på
den korta stunden. Egentligen
så var det inte likt mig att börja
prata med en främling, med
tanke på min extrema introverta
sida, men det var otroligt skönt
att kunna ha fokus på något helt
nytt. Jag överlevde flygturen
och var otroligt tacksam för att
John, som han hette, höll mig
lite sällskap.

Min första solsemester skedde
när jag var 17 år. Jag reste med
min moster och jag såg
verkligen fram emot det.
Flygresan skulle ta nästan fem
timmar och jag hade aldrig
flugit så länge innan. Jag var
nervös på morgonen och min
mage blir som många andras,
helt kaos, och nu pratar jag inte
om att jag mådde illa utan jag
behövde nervösbajsa, om någon
inte förstod det.
        Efter alla toabesök så
var det dags att gå ombord. Jag
fick en fönsterplats vilket var
helt okej, då kan jag se ut och
jag kan tänka på vad jag ser och
inte någons kala huvud framför
mig. Jag minns känslan så väl
när vi började taxa ut, hjärtat
började rusa och jag blev varm.
Jag sa till min moster "jag
måste ut!" Hon skrattade och sa
att det inte gick. Självklart blev
jag mer ångestfylld då och jag
kände hur jag började må illa.
Men hon hade ju rätt, det gick
inte, jag kunde inte öppna
dörren mitt på startbanan och
springa därifrån, dessutom så
ville jag ju åka. När vi väl lyfte
så kändes det okej, men så
många gånger förr så sprang

mina tankar iväg och jag fastnade i det negativa. Jag minns att jag fick ta fram spypåsen och sitta med den i flera timmar. Inget hände såklart men det var en riktigt jobbig resa ner. När vi väl hade landat så var semestern underbar. Ja har inga tankar alls på något som kunde få mig att må illa eller att kräkas. Vi åkte båt, köpte tzatziki från ett litet stånd och drank goda drinkar med is i. Hemresan gick bättre, då längtade jag hem lite och hade det att tänka på, det var full fart hem till tryggheten.

Som jag skrev innan så är jag gift och ibland så vill man ju åka på semester ihop. Vi ville båda åka till något varmt ställe som var barnfritt och lugnt, samtidigt som det skulle vara all inclusive så att vi slapp att leta efter restauranger varje gång vi skulle äta, och skulle vi bli törstiga så skulle även det finnas till hands. När vi hade hittat ett bra ställe på Rhodos så slog vi till. Bilderna visade ett fint hotell med blått hav och allt det där, ni vet.

Ångesten och fobin var som bortblåst när jag tryckte på "Boka" och så gick dagarna. Det ligger i min natur att vara lite nervös och ängslig, jag tror min mamma är likadan. Så en dag innan resan var jag i upplösningstillstånd. Tanken på att gå på planet och sitta inklämd i 4,5 timmar var hemskt, men vad tusan, det var ju detta jag ville. Sol och värme är det bästa som jag vet. Att dricka alkohol före funkar inte på mig, då tror jag att jag kommer att bli åksjuk och så kräks jag av det istället.

Jag har förvisso aldrig blivit åksjuk på ett plan vilket jag är tacksam för. Nog har det hänt att andra har blivit åksjuka som jag ofrivilligt har både sett och hört, jag sitter gärna med musik eller en ljudbok i öronen om det skulle inträffa igen.
      Väl på plats i planet, på väg till Grekland, så gick det bra. Ännu en gång hade mina tankar lurat mig och jag kunde sparka fobin i rumpan. Veckan flöt på bra, vi åt och drack gott och jag var inte rädd en sekund

för att jag, eller maken, skulle
bli dåliga. Jag åt från buffén och
inte en enda gång kände jag
någon ångest. Det kan hända att
jag tog mat som låg långt ner i
behållarna endast för att veta att
det skulle vara riktigt varmt.
Sen kom ju dagen när vi
skulle hem. Vi blev upphämtade
med transferbuss och hamnade
ganska långt bak. Det var varmt
och sent på kvällen, där och då
kände jag paniken komma – jag
måste av. Jag sa till min man att
bussen måste stanna för att jag
bara måste ut.
Jag fick ingen luft och det
kändes verkligen som att det var
kört. Konsekvenserna struntade
jag i.
Men nej, bussen stannade inte
och jag försökte andas mig
igenom det. Vi kom fram till
flygplatsen och jag hade klarat
av ännu en utmaning.

Men hur hade det då blivit om
jag hade klivit av bussen? Vi
var på en ö. I ett hav.
Hundratals mil hemifrån. Jag
hade antingen fått ta en taxi till
flygplatsen och riskerat att
missa flyget och flyga hem själv
eller så hade jag fått ta båten till

fastlandet. Inget av dessa alternativen hade varit någon höjdare, båt har jag inte åkt sen vi turade till Helsingör för några år sedan och då stod jag ute i ösregn så jag kunde se land hela tiden för att ha en fast punkt att fokusera på och på Rhodos hade jag inte heller velat stanna. Avsaknaden av logik är tydlig i detta exemplet. Turligt nog så reste jag inte ensam och riskerade att bli semi-grek.

Händelsen i Grekland enligt min make:
Jag gillar att resa och jag har inga fobier eller rädslor. Visst kan pulsen öka precis när flygplanet ska starta men det är nog det enda.
Min fru däremot kändes mer och mer spänd ju närmare resan vi kom. Det var aldrig något ord om att vi inte skulle åka men jag kände hennes nervositet.
Ombord på planet såg hon inte ut att må så bra. Vetskapen om att hon inte hade någonstans att ta vägen verkade vara det värsta. Hon kändes ändå rätt lugn kort efter start med undantag för en kortare period

i luften.
Vår semestervecka gick och jag
märkte inte på något sätt av
hennes fobi. Det var varmt,
skönt och riktigt trevligt.
Så kom till sist hemresan.
Efter bara några minuter
ombord på transferbussen
börjar hon bli hysterisk. Hon
ska bara av till varje pris. Hur
fan tänker hon? Hoppar hon av
finns det ingen chans i helvete
att hon kommer med planet.
Hon kommer bli stående längs
en landsväg på Rhodos. Hennes
ångest/panik förvandlade henne
till en fullkomligt irrationell
idiot. Och där bredvid står jag.
Och min uppgift är att få med
henne hem.
Jag önskade där och då att jag
hade fått ha fri tillgång till en
el-taser , rohypnol eller en
narkosläkare. Känslan var lite
som när man har ett skrikande
barn på golvet i en butik, fast
den enkla lösningen att lyfta
upp den och gå iväg inte finns.

Att försöka att bibehålla lugnet
har varit en svår utmaning
vissa gånger men det är det
enda som jag faktiskt kan göra.
Att vara lugn samt försöka

undvika att vara anklagande
över eventuella problem som
uppstår i samband med fobin.

Tyvärr har jag inte alltid
lyckats så bra.
Den här gången lyckades jag
tillräckligt bra. Så pass bra att
hon inte klev av bussen och
dessutom kom ombord på
planet. Vi har dessutom flugit
efter det så helt avskräckt blev
jag inte.

För tre år sedan hade vi bokat
ytterligare en utlandsresa.
Denna gången till ett land långt
ner i Europa. Det var likadant
den här gången, allt kändes bra
vid bokning men sen kröp
paniken på, men tidigare denna
gången. Jag tror att jag sa till
resebyrån att vi skulle på
begravning samma dag som
flyget gick så därför kunde vi
inte flyga och åkte bil ner
istället. En bilresa på 245 mil
enkel väg. För vi kunde inte åka
färja mellan Sverige och
Tyskland utan det blev en
omväg genom hela Danmark.
Jag vet faktiskt inte hur min
man stod ut, eller står ut med
mig.

Hur som, det var en fin upplevelse, många fina vägar och vi hade en väldigt bra vecka trots att den blev dyrt. Redan här börjar jag få svårt att köra bil. Vi blir sittandes på en rastplats i Tyskland i en timma för att jag ska kunna andas lite. Min man sneglar på klockan lite diskret och det kändes verkligen inte bra någonstans.

Resan till landet i Europa visar också vilka extrema vägar man kan ta för att komma undan det som man är rädd för. För dig som sitter och läser detta nu så tänker du säkert att det är helt galet att vi valde att åka bil istället. Och ja, det håller jag med om. Det är galet. Det är sjukt. Men det visar på hur stark en fobi kan vara. En fobi som du inte kan kontrollera på samma sätt som du kan kontrollera annat i livet. Du kan välja att inte gå på ett plan men jag kan inte välja att inte må illa för illamåendet kommer vid minsta oro. Ja, det finns säkert något vis som jag kan välja på, men upplys mig gärna om det i så fall.

Andra triggar andra.

Nu för tiden när Facebook finns så kan man hitta grupper för just din åkomma. Jag gick med i en sådan grupp för emetofober och ja, den var både stöttande och raka motsatsen. De flesta vill väl och kommer med lugnande ord men så finns det en handfull som bara är elaka, även när de själva har fobin och vet hur jobbigt det är.

I denna gruppen så hittade jag också en person som jag började skriva mycket med. Hon hade extrem emetofobi. Alltså den värsta sorten. Denna vännen kunde överanalysera allting när det gällde kroppen, om magen lät lite konstigt så var det magsjuka, om en granne hade magsjuka så blev vännen automatiskt smittad och så vidare.

För mig är det otroligt lätt att ta efter någons säkerhetsbeteende. Jag har försökt att sluta med mina men när jag pratar eller läser om andra som har sina grejer så får det mig att tänka efter mer också, även om det bara är en banal sak.

Jag var sådan att jag ställde upp för denna vännen när det var som jobbigast, vilket var varje dag. Efter ett tag så kände jag att jag inte orkade med det och det blev på något vis som att vännens tankar blev mina tankar. Jag som alltid hade kunnat dricka mjölk som hade gått ut i datum slutade med det ett tag. Men ingenting hade ju hänt mig innan så varför skulle det göra det nu? Ris är en klassisk sak också, som alla säger att man inte ska värma. Min mamma har alltid värmt ris, likaså min make. Och jag också. Jag har aldrig blivit matförgiftad och tänker således fortsätta äta ris, oavsett vad någon säger. Jag tänker inte sluta i förebyggande syfte för vad som *kanske* kan hända.

Även om jag ville hjälpa så gott som jag kunde så kände jag att min gräns var nådd. Jag kan ha blivit lite elak och gett korta snäsiga svar, men jag måste också få lite andrum. Jag är ingen psykolog, jag är en människa som kämpar med samma jävliga fobi som andra gör. Jag har ingen skyldighet att hjälpa någon, den enda jag har skyldighet att hjälpa är *mig själv*. Jag vet att jag sa till vännen vid ett tillfälle att hon faktiskt fick sluta fråga mig om saker hela tiden, jag förklarade för henne att det spär på min ångest och även om jag inte märker det direkt så blir det små omedvetna steg mot fler säkerhetsbeteenden. Det kan också vara så att vi emetofober kanske inte alls ska prata med varandra när det är skarpt läge. Det är bara min tanke och ibland så kan det säkert skada mer än vad det gör nytta. Det är såklart alltid skönt att ha någon att prata med när det väl är något men det kan också bli så att personen säger något som får mig att fastna vid något ord och sedan så tänker jag alltid på det senare. Jag fick sagt till mig för några år sedan, att barn som blir magsjuka blir det på natten. Jag vet inte vart vetenskapen finns i det och jag har ingen aning om det stämmer heller. Det kan hända att personen bara ville skrämma mig genom att säga så.

Åter till min vän. Det finns så många olika scenarion som jag skulle kunna berätta bara för att ni ska förstå hur hemsk fobin är. Ett något modifierat exempel var den gången som hon skulle äta på en hamburgerkedja. Maten skulle tas med hem och det var en sträcka på sju kilometer. Hon skrev till mig i panik att hennes hamburgare var kall, vilket jag svarade att det inte var så konstigt om hon inte åt den på plats. Hon fick det ändå till att hamburgaren hade legat framme länge och hade blivit dålig, det vill säga att hon snart skulle bli matförgiftad, ligga hela natten och spy. Det spelade ingen roll att jag sa att den mest troliga förklaringen var att hon hade en bra bit hem och maten skulle kallna på den tiden. I hennes värld så hade hon redan bestämt sig för att hon skulle bli dålig. Och det var detta som jag menade med att jag tröttnade.

Hur ska jag orka bära både hennes och min ångest samtidigt som mina tankar springer iväg och jag blir mer försiktig?

Att försöka hjälpa en människa som redan har bestämt sig för "så här är det och så här kommer det att bli", är lika effektivt som att prata med en lyktstolpe. Tills sist så fungerar det inte längre.

När man som jag, ställde upp för henne mycket med att lugna henne så kan man kanske förvänta sig att man får frågan "Hur mår du?" tillbaka ibland. Det var inte hennes starka sida och jag kände mig väldigt ouppskattad med tanke på hur mycket tid och energi jag hade givit till henne.

Idag har jag mycket lite kontakt med henne bara av den anledningen att jag inte orkar med hennes ångest. Vi kollar läget med varandra ibland men mer än så är det inte. Jag tror att vi båda tv mår mycket bättre på något vis, av att inte ha varandra nära 24/7.

Vad var det hon sa om barn då?

Den där socionomen sa till mig att jag aldrig skulle kunna skaffa barn. Kanske är det så, men jag vill inte att det ska vara så. Skulle jag bli barnlös så känns det som att hon kommer att vinna och jag kommer fortsätta vara den personen som hon såg framför sig.

Men, ett stort men, jag tycker det är otroligt jobbigt med barn. Inte på grund av att dom låter mest hela tiden och är stojiga, utan för att dom är som små vandrande bakteriehärdar. En vän var på besök för ett par år sedan runt jul och på kvällen på kräktes hennes barn. Jag var snabbt ute och lyckades få med mig mitt snus och Ipaden. Jag spenderade natten i bilen. Iskallt och helt bedrövligt men jag var tvungen att komma ut från huset.

Den dödsångesten (ja, ni ser ju själva vilka ord jag använder men det är för att det är så det känns) och paniken som jag kände då vill jag aldrig känna igen. Det jag vill komma fram till är att jag vill kunna vara i ett rum eller ha vänner på besök med sina barn, utan att sitta på helspänn och kolla av hur barnet beter sig.

Jag var gravid för några år sedan men valde att göra abort, just för att jag var livrädd för att jag skulle kräkas och att barnet skulle bli sjukt. Fattar ni hur galet det är? Att en fobi kan styra ens liv så mycket? Min dröm om att bli mamma innan 25 har varit död i många år nu. Och, för att vara helt ärlig, så är jag livrädd för att bli gravid. Jag känner efter varenda jäkla månad om det är något som känns annorlunda i kroppen. Om jag mår illa så går tankarna till antingen magsjuka eller graviditet. Och som det känns nu så kommer jag inte få några barn, någonsin. Åren går och jag vill inte vara en gammal mamma som inte får uppleva ungens student. Aldrig i livet. Å andra sidan så har jag inte en version av mig själv att vara orolig för, jag blir inte bunden till något, jag kan göra vad jag vill. Men, jag vill inte dö ensam. Ja, förhoppningsvis så har jag min man vid min sida när jag tar sista andetaget men det där med att ha någon som är *min* det är något som jag gärna skulle vilja ha. Det kanske är själviskt av mig, jag vill att någon ska komma ihåg mig och säga "Vet du, så här gjorde alltid XX".

Så hur hindrar fobin mig?

Ja, på vilket sätt hindrar fobin mig *inte*? Jag åker inte buss, tåg, båt, jag undviker flyg in i det längsta, jag äter inte julbord eller bufféer, jag umgås helst inte med barn under magsjukesäsong. Jag kan sitta här i en evighet och rabbla upp saker som inte funkar i vardagslivet.

Jag tycker det är otroligt jobbigt att gå på fester och att vara bland fulla människor, en onykter människa kan kräkas rakt ut, vart som helst. En annan sak som jag är rädd för är att träna hårt. Jag kan gå lite promenader och göra övningar i hemmagymmet men jag är rädd för att pressa kroppen hårt. På en idrottslektion i skolan hade vi styrketräning och det blev för mycket, jag började må illa och blev sedan rädd för det helt enkelt. Skitjobbigt, för jag vill ju träna. Det är nyttigt för psyket och kroppen, såklart. Men det kan också vara småsaker som ställer till det. En dusch, till exempel, det ska vara skönt och avslappnande.

Om jag börjar tänka för mycket
på hur jag känner mig när jag
duschar så går tankarna lätt över
till "Jo, men jag kanske känner
något litet i magen, det kanske
är illamående." Det är faktiskt
ganska jobbigt för jag tycker att
det är skönt att duscha. Eller om
jag är ute med hunden och
känner obehag, då vill jag hem
så fort som möjligt innan
panikattacken är i full blom.
Min granne och jag gick ofta
promenader på morgnarna förr,
men jag kan inte det nu på
grund av fobin och paniken som
kommer med den.
Jag hatar tillvaron när den är
sådan för jag har i princip inget
liv.
     Det är också så att jag
verkligen hatar att vara förkyld.
Det är väl ingen som tycker det
är särskilt roligt men ofta så kan
man få rethosta eller liknande.
Man hostar och hostar tills man
kväljer. Det är riktigt jobbigt.
Eller bara det här med att prova
ny mat i vissa fall. Jag har
aldrig ätit ostron. Det ser inte så
aptitligt ut men det känns som
en sak som man måste göra
under livet. Det är också många
som har blivit sjuka av det så

därför avstår jag.
Inte heller tar jag några
mediciner längre. Jag har inte
ätit en Alvedon på flera år,
ibland slinker det ner en
Novalucol men det är allt. Efter
att ha haft ett osunt förhållande
till medicin innan så är det ett
kanske inte ett så bra sätt ändå
att hantera värk på. Som tur är
så finns det andra hjälpmedel
och jag håller mig helst så långt
ifrån mediciner av alla slag, så
långt bort som möjligt.
En annan sak som har kommit
på senare tid är att jag måste
sova ytterst. Om jag sover
närmast väggen så känns det
instängt och skulle jag börja må
illa så vill jag ha utrymmet att
kunna röra mig. Det händer titt
som tätt att jag får
panikångestattacker på natten
och att då vara dubbelinstängd,
både mot väggen och i mig
själv, vill jag inte.
Det hänger också lite ihop med
att jag helst sover på soffan.
Vårat sovrum är tämligen litet
och det blir så himla trångt bara.
I vardagsrummet så är det nära
till toaletten om något skulle
hända och bara känslan av att
det är luft omkring mig gör mig

lugn. Min man tycker väl inte
att det är så himla roligt kanske,
men jag ska försöka att öva bort
det. Och, kanske det mest
knasigaste, jag hatar att vara
hungrig. Nu är det inte så att jag
går och smååter hela dagarna
för att inte känna hunger, utan
när min hunger kommer så mår
jag illa. Jag vet vad det beror på
såklart men det är svårt för mig
att äta när jag mår så och jag
väntar hellre lite extra tills
näring intas.

Livsfarligt.

En eftermiddag för nästan två år sedan var jag ensam hemma. Lakrits är mitt favoritgodis och var det således denna eftermiddag också. Jag tuggade och svalde, men tro på fan att det fastnade en bit, åtminstone tror jag.

Och jag fick panik. Hur mycket jag än svalde så gick den inte ner, den bara satt där och retades vilket ledde till att jag började hosta tills jag nästan kräktes. Där och då började en jobbig tid.

Maten gick inte att svälja ner, jag var livrädd för att det skulle fastna igen. Det som jag levde på var små, små bitar av smörgåsrån och proteindrycker. Jag blev mindre och mindre och efter att ha vägt 62 kg så var jag efter några månader nere på 39 kg istället. Jag mådde inte bra, men jag vågade inte äta. Inte ens när min man var hemma så vågade jag få i mig så mycket och det var helt uteslutet att äta när jag var själv. Min man hotade med att ta mig till sjukhuset och få mig inlagd, det ville jag verkligen inte och jag blev både arg och besviken just då. Jag skulle klara detta själv för det hade aldrig varit någon innan som hade hjälpt mig så varför skulle dom göra det nu? Min läkare tyckte att jag hade en ätstörning och skrev det i sjukintyget, men det hon inte förstod var ju att det var min fobi som spökade. Igen. Efter några månader så började jag ändå få i mig mer mat än innan, det gick väldigt långsamt, ibland kunde jag sitta i flera timmar för att äta en smörgås, men det funkade. Och nu, nu kan jag äta när jag är själv och jag tror att jag är tillbaka på nästan samma vikt som förr. Jag äter helst inte med andra personer närvarande, det är inte för att jag ogillar folk utan helt enkelt för att jag känner mig stressad och är rädd för att det ska hamna fel. Jag har fortfarande svårt med rent kött och när det blir för mycket i munnen. Sedan kommer det självklart dagar när det är jobbigare att äta. Huvudsaken är att jag tog mig igenom det värsta helt själv och det är jag stolt över.

Min mans lidande och oro över
att se personen som han älskar
tyna bort? Det kan jag nog inte
sätta mig in i, på samma sätt
som han inte kan sätta sig in i
min emetofobi.

Det här med att jag måste fast
att jag inte vill

Jag blev sjukskriven för något
helt annat för något år sedan.
Försäkringskassan vill självklart
ha in sjukintyg, likaså min
arbetsgivare. Sjukhus har varit en grej för
mig som är otroligt jobbig. För
det första är det vitt överallt så
man blir bländad och för det
andra så luktar det inte gott.
Dessutom så hör man ju på
namnet hur hemskt det är, Sjuk-
hus. I Sverige råder en osynlig
diktatur och det är bara att foga
sig efter samhällets små regler.

Under tiden som jag har
varit sjukskriven för denna
åkomman som jag har nu, och
då när jag fortfarande utnyttjade
den offentliga vården, så hade
jag 11 olika läkare på nästan
lika många månader. Det var en
läkare som faktiskt gjorde det
lite lättare för mig. Jag fick gå
in via ambulansintaget och
samtidigt ha det rummet som är
närmast utgången. Jag är evigt
tacksam för det.
Resterande läkare har propsat
på att jag visst ska sitta i

väntrummet med andra patienter och vänta. Vid ett tillfälle så mätte jag pulsen och den var uppe i nästan 130, det var ångest på hög nivå och jag mådde illa.

Det var också en läkare som ville att jag skulle stanna kvar under tiden som han skrev sjukintyget, jag är uppfostrad med lite hyfs i alla fall och försökte att hålla ut så länge som jag kunde. Men det gick inte hela vägen så läkaren fick komma ut med det till mig, och jag stod utomhus vid ingången. Det var säkert en bra tanke av honom, för han såg hur jobbigt jag hade det, men det blir så fel när man själv står med panik i hela kroppen och bara vill till sitt trygga ställe. Självklart vet jag att jag måste utmana mig själv men jag vill inte bli tvingad till något.

Vid denna tiden så kunde jag i alla fall ta mig hemifrån men det var otroligt jobbigt att gå in på ICA eller till Vårdcentralen.

Jag trodde inte att det kunde bli så mycket värre med fobin tills en sommardag för några år sedan. Min bil är mitt hem, ungefär.

Jag älskar att köra, helst långa sträckor varje dag. Men, denna dagen så kom det en panikattack i bilen, jag började må väldigt illa och trodde att jag skulle kräkas. Jag fick stanna till vid en rastplats och lugna ner mig i närmare en timma. Nu skulle jag bara ta mig hem igen. Eftersom jag bor på landet så finns det ganska många små grusvägar utan mycket trafik, det passade väldigt bra den gången. Hemfärden gick okej, jag kom innanför dörren och sedan körde jag inte bil på flera månader. Jag förknippade bilen med illamående och så var det kört.

Allt på grund av fobin.

När jag sedan skulle prova att köra bil så blev det likadant, illamående och ångest. Det hade blivit en ond spiral och jag var en fånge i mitt egna hem utan att någon kunde hjälpa mig, nästan all sorts vård ska ske på plats och det är inte möjligt om jag inte kommer utanför dörren.

Jag har dock klarat av att lämna kommungränsen ett par gången för att besöka vänner. Då har jag haft en väldigt bra dag och hjärnan har inte gått på högvarv. Några gånger så har jag också lyckats ta mig till skogen för att plocka blåbär eller för en kortare promenad. Det är viktigt att promenaderna inte är för långa, då kommer jag utanför min comfortzone och får ångest av det istället.

Jag vill ha min trygga plats och i nuläget så är det till 90% hemma som är det.
Jag vill också säga att mina symptom inte är alla andras symptom. Innan händelsen i bilen så kunde jag hantera vardagen hyfsat okej, jag undvek det som var jobbigt. Men en bil och att kunna köra och åka med som passagerare, känns som en livsviktig sak att kunna. Skulle jag bryta benet så är det ju bra om jag kan komma till ett sjukhus utan att gå sönder inombords av panik och min rädsla för att kräkas. Enkla saker för "vanliga" personer, så som att gå till tandläkaren eller att rösta, det är

för mig en mardröm. I senaste valet så röstade jag med hjälp av ombud men jag har inte varit hos tandläkaren på ungefär tre år.

Hur som, jag var ju fortfarande sjukskriven och behövde mina intyg, jag var inte arbetsför alls och det går inte att flytta mitt industrijobb hem till mig. Jag försökte flera gånger att få någon typ av hembesök från Vårdcentralen men nej, det gick inte. Jag var varken gammal eller döende så då var det kört.

Även om det stod på deras hemsida *"För dig som har svårt att ta dig till Vårdcentralen kan vi göra hembesök. Det är ditt medicinska behov som ligger till grund för bedömningen att göra ett hembesök."*

Ni kan säkert förstå att jag blev arg och frustrerad.

Efter att ha googlat skiten ur google så hittade jag en privatläkare i Stockholm som erbjöd vård online. Hon kostade självklart därefter också men det är så värt det. Jag har kvar henne än i dag och jag är väldigt nöjd trots att jag nästan går i personlig konkurs.

Nu har jag i och för sig inte tagit mig mycket längre hemifrån heller, även om jag bytte läkare, men det har inte varit fokus på min fobi hos henne. Jag försöker istället göra saker för mig själv som jag mår bra av, det kan vara att gå på gåband, cykla på motionscykeln eller liknande.

Om ni inte har läst boken *Hjärnstark* av Anders Hansen så rekommenderar jag den verkligen. Den tar upp hur bra träning är för både kroppen och huvudet och hur det påverkar våra "må-bra-hormoner" i hjärnan.

Jag kan självklart inte låta bli att bli irriterad och ledsen på den offentliga vården som inte kunde, eller ville, hjälpa mig. Trots att jag förklarade ett flertal gånger varför jag inte kunde ta mig till dom så var svaret " Ta en taxi." Det kändes så otroligt "lilla gumman-förminskande." Det var som att dom inte ens lyssnade på vad jag sa.

Jag har ju varit med i
vårdsvängen en längre tid och
det känns ofta som vi med
psykisk ohälsa blir
bortprioriterade. Missförstå mig
rätt.

Att ha en sjukdom/fobi/vad det
nu kan vara, som inte syns är
väldigt svårt för folk att förstå
ibland, då är det bara att ta sig i
kragen och skärpa till sig enligt
vissa.

I en perfekt värld så hade
vård/stöd erbjudits hemma om
personen i fråga verkligen inte
kunde ta sig ut. Men det
kommer säkerligen inte att
hända, även om jag önskar att
det blir så.

Behandlingsmetoder som jag
har testat.

Efter många år med emetofobi
så har jag också testat en del
behandlingsmetoder.

Det den offentliga vården kan
erbjuda, i alla fall vid den
tidpunkten när jag sökte där, var
Kognitiv Beteendeterapi.
Det funkar säkert jättebra för
vissa åkommor men det
funkade inte alls för mig.

EMDR är också en metod. Jag
provade detta online så det kan
hända att det funkar bättre öga
mot öga. EMDR är egentligen
en traumaterapi som sägs vara
mycket bra för till exempel
PTSD. Jag tyckte ändå att det
gav en liten bättring, men även
detta var privat och eftersom
Försäkringskassan inte är så
givmilda så fick jag ta en paus.

Regressionsterapi. Funkade inte för mig. Det kan ha varit för att personen som jag pratade med var dryg, pratade väldigt gällt och var allmänt flummig. Dessutom skulle jag skicka pengar till henne på posten och då blev det bara väldigt oseriöst alltihopa.

Mental träning. Skitbra för att fokusera på det som du är och vill bli bra på, men hjälpte tyvärr inte på fobin.

Mindfulness. Sägs inte bota emetofobi, vad jag vet, men kan få dig lugnare och beroende på hur mycket tid du lägger ner, även få bättre självförtroende. När jag höll på med mindfulness som mest så var jag lite säkrare i mig själv. Tyvärr är jag en "periodare" och glömmer lätt bort bra saker att göra för mig själv.

Hypnos. Det är detta som än så länge har funkat bäst. Här känner jag faktiskt en skillnad och ett lugn i mig själv efter att vi har avslutat sessionen.

Det finns en bok som heter *Cure your Emetophobia & Thrive.* Boken är skriven på engelska och för dom som inte är så duktiga på språket så blir det lite klurigt. Jag vet flera stycken som har blivit bra hjälpta efter att ha läst den och jag har ett exemplar själv. Jag har börjat att läsa men eftersom jag inte alltid riktigt förstår allt så ligger den och samlar damm. Jag har, däremot, kontaktat en Thrive-konsult. Det finns ingen i Sverige men däremot Norge. Det kostar därefter också så jag får fundera lite på hur jag ska göra.

Allt utom KBT har jag provat på distans. Det vill säga antingen genom telefon eller zoom. Jag kan inte säga att det skulle funkat bättre om jag satt framför personen, möjligtvis EMDR men detta är endast mina upplevelser och jag är ingen utbildad psykoterapeut, läkare eller liknande.

Varför skriver jag då detta?
Efter att ha haft emetofobi i så
många år så har jag aldrig sett
en bok ta upp ämnet. Inte ens en
självbiografi. Om jag har missat
det så har jag varit blind för
mina googleskills är inte av
denna värld.
Min förhoppning är att någon
med fobin ska läsa detta och
kanske känna sig mindre ensam.
Jag vet att det finns både forum
och grupper på Facebook, men
ibland så kan det vara skönt att
ge ett ex av denna boken till en
närstående som inte förstår.
Jag skriver inte detta för att jag
har en lösning. Jag skriver för
att synliggöra fobin.
Även till dig som jobbar inom
vården som kurator, socionom,
psykolog eller läkare. Ta till dig
texterna och se dig hur man **inte**
ska göra. Det kan hända att du
tror att du vet allt om
emetofobi, och det är bra för
dig. Men tänk bara på att vissa
former av terapi inte passar för
just emetofobi. Jag vet att KBT
sägs vara bäst mot fobier men
det har också gått framåt med
andra behandlingsmetoder.

Det har även varit en hjälp för mig själv att få ner alla dessa tankar, som jag inte har kunnat dela med någon. Ingen kan som sagt förstå fobin utan att själv ha den. Jag hoppas också att du, som kanske inte ens har fobin, förstår lite bättre hur det kan vara. Att det mesta som är självklart för dig, är en stor ångestfylld sak för en emetofobiker. Och självklart även för er som jobbar inom vården, läs gärna och fundera sedan på hur du som behandlare kan hjälpa din patient. Låt inte patienten bli likadan behandlad som jag blev. Börja smått, beröm, öka efter hand. Låt det ta den tiden det tar. Ingenting blir bättre av att stressa fram resultat. En fobi som har funnits i många år kommer också att ta en stund att försöka arbeta bort. Du säger inte åt en person med ett brutet ben att ställa sig upp och hoppa? Lite så är det här med, bara för jämförelsens skull.

Jag vill också tacka min man,
min familj och mina vänner. Ni
står ut med mig trots mina galna
påhitt och det betyder mer än
något annat i världen. Ni
försöker att underlätta för mig
så mycket som ni kan och det är
jag så otroligt tacksam för.